Kim Wan

시인 김완

그리운 풍경에는 원근법이 없다

김완 시집

그리운 풍경에는 원근법이 없다

Poetics 시학

■ 시인의 말

사람 사는 마을의 봄이 그립다. 풍경과 사람, 사람과 사람, 그리고 세상 사이에도 말할 수 없는 말[言]의 울음소리가 들리는 듯하다. 세상은 다만 살아 낼 수밖에 없을 터, 그동안 흩어져 있던 말들을 정리하다 보니 부끄럽기도 하고 홀가분하기도 하다. 시의 먼 길을 떠나기 위해 뼈의 무게를 비우고 가벼워져야겠다.

2011년 새해 아침
김완

차 례

제1부 그리운 풍경에는 원근법이 없다

제2부 창평국밥집

제3부 일어서는 강

제4부 갈 길을 묻다

제1부

그리운 풍경에는 원근법이 없다

구름의 미학美學
— 변증법

바람에 온전히 몸 맡긴 채

제 모습 드러내지 않는

본래의 형상으로 되돌아오기 위해

거듭 헤어지고 떠나는

아! 한순간도 자기를 부수지 않으면

견딜 수 없는

버리는 자의 저 아름다움!

인라인스케이트 · 1

인라인스케이트의 작은 바퀴들이 굴러간다
오후의 투명한 햇살 속에 몸 기대고
매미 소리 가득한 강변을 무리지어 미끄러진다
플라타너스 그림자만 어룽거리는 도로 위로
외진 마을 다녀오는 집배원의 빨간 오토바이
부르릉 부르릉 햇살로 목욕하며 지나간다
강에서는 래프팅 하는 청소년들의 함성 아련하다
남녀 한 쌍 하오의 해맑은 햇살 속으로
자전거 페달 함께 밟으며 굴러가고 있다
인간은 본디 하나였을까 슬픔 한 됫박도
물 부어 끓여 나눠 먹던 따뜻한 마을
옹이진 슬픔 자맥질하던 어린 시절의 여름이
인라인스케이트, 오토바이, 자전거 바퀴에 묻어
미끄러지며, 부르릉거리며, 굴러간다
섬진강변의 여름은 진동하는 끈으로 이루어진
거대한 햇살 그물이다 그물 곳곳에
지난날의 모습들 매듭으로 엉켜 있다
블랙홀에 빠져도 탈출하려는 것처럼

발바닥의 작은 바퀴들, 바람처럼 가볍게
느릿느릿 무리 지어 미끄러지고 있다

구강포九江浦에서

강진읍 남포마을 부근 탐진강 하구
목리 옛 둑길을 찾아간다
아무나 쉬이 가지 못하는
청보리밭과 갈대 숲 사이로 난 길
차가 울렁거리고 길이 비틀거린다
멈추어 욕망을 배설하고
탐진강 하구 웅크린 새 떼들을 본다
수면 아래 보이지 않는 안전판이 있는 걸까
적막을 깨뜨려, 군무群舞를 보고 싶었을까
소리치고, 돌팔매질을 해도 움직임이 없다
선정禪定에 든 스님들 같다
알아볼 수 없는 기호를 그리며
그들만의 신호에 따라 정연整然하게 춤을 춘다
돌아가는 세상살이에 장단이나 두드리는
물정 어두운 나보다 낫구나
저녁 썰물에 물고기들 바다로 돌아가고
바람 맞고 서 있는 작은 목선 하나 외롭구나
질펵한 욕망의 사타구니 벌리고 있는 갯벌

바다의 새들 떼 지어 날아와 주둥이 쑤셔 대고 있다
그래, 강물은 스스로 깊어지고 넓어지고
해는 질 때 되면 알아서 지는 거다
해 질 녘 탐진강 하구에는 저문 것들로 가득하다

포구

일상의 항해로 지친 사내들
세상 구석구석 파헤치며
넘실대는 세파와 싸우던 사람들
눈 내리는 포구浦口의 식당으로 들어온다
자신의 반쪽을 떠나보내고
홀쩍 몸 던진 먹빛 어둠 속에서도,
혼자이지만 더불어 길 가자던
약속이 허공에 흩어지던 날,
포구의 따뜻한 불빛은 얼마나 간절했는가
보릿대 넣은 홍어앳국에 소주 한잔
시골 어머니 손맛 같은 음식들
친구들과의 정담
여인네들의 웃음소리
포구는 늘 왁자지껄 소란하다
바람 불고 눈보라 치는 날
살아 있다는 것은 얼마나 고마운 일인가
고향집 같은 영원한 그리움의 정박지碇泊地
모든 것은 다 지나가지만

포구의 오늘은 뭇 사람들의 생일이다
빛 밝은 날의 호사스런 축제다
이 밤이 지나면 또 하루가 시작된다

송화촌

송홧가루 날리는 아파트로 이사를 한다
분적산 자락의 이곳에 오기까지 겪은
묵은 세월의 무늬와 흔적 잘 갈무리하여
좋은 시詩 쓰자고 다짐해 본다
노대동 물빛 근린공원 수변 무대
조명 불빛 꺼졌다 켜졌다 작아졌다 커졌다 한다
"흔들리지 않고 피는 꽃이 어디 있으랴"
여기 송화마을 난장 공연이 열렸다
한때 즐겨 불렀던 '한계령' 이란 노래가
시방 앳된 여가수의 목소리로 흘러나온다
잊어버리고 싶은 것들, 뾰족한 마음들
지친 어깨 내려놓고, 바람처럼 살다 가고 싶은 때가
어디 한두 번뿐이었으랴 호수에서는
형형색색의 분수가 솟아오르고
아이를 들쳐업고 유모차를 밀며 떠드는
젊은 부부들의 유쾌한 웃음소리
자지러지는 아이들의 상기된 표정들
신생아부터 꼬부랑 할머니, 할아버지까지

아, 동네 사람들 다 모여 잔치 벌이고 있다
울림과 쉼이 있는 여기 마을 공동체

무창포

무창포 바닷가에서 누군가
해안에 흩어져 쌓인 바위가
어떻게 왔을까 하고 물었다
시간이 어떻게 그들을 데려왔을까
나는 머나먼 바다의 기원에 대해 생각했다
바람 솔솔 부는 곳에 쳐진 비치파라솔 안
우리는 오늘 하루치의 노동을 유보하고
소라 한 접시에 만 오천 원,
개의 불알 같은 개불 두 마리
우수로 얹어진 술상에
소주 한 병 곁들여 마신다
해산물 파는 초로의 부부
해삼, 멍게, 개불, 낙지 칼로 자르며
살아 있는 거시기는 한순간이여,
오늘 너희들은 다 죽었다 한다
레인보우에서 만나자는 말을 내일 만나자는 말로
잘못 알아들어 파토가 났다는
누군가의 연애담을 귓가에 흘리며

욕망의 눅눅한 냄새로 얼룩진
바다의 숨결을 어루만진다
엽낭게를 잡는 아이들의 웃음소리
유쾌한 무창포 해변에서
머나먼 물의 기원을 생각하며
바다의 슬픔 한잔 입 안에 털어 넣는다

풍경
— 여름

폭염주의보가 내린 한여름
사랑방에서는 환장하게 맛있는
곱창전골이 끓고 있는데
아프리카에서 민간구호단체
피스프렌드의 대표로 활동하고 있는
한 시인詩人을 생각한다
여덟 권의 시집을 출간하고도
아직 찾아올 말들 많은데
남아 있는 그걸, 그냥 삭혀야 하나
버려야 하나 고민하는
그의 말 참 아프다
폭염에 홀라당 벗은 구름 몇 장
갈 길 몰라 서성이는 한낮의 하늘
유년의 기억 속에 피어오르는
가난하지만 착한 사람들
지금은 어디서 무얼 하고 있을까

불붙은 산

외로 필 땐 수줍더니
무리 지으니
성숙함이 출렁!
나른한 봄 햇살에 분홍빛 속살 드러낸 여인의 자태구나
해발 510미터
넓이 3만 평
산 정상 뒤덮었구나
며느리 따라
꽃구경 온
60대 아낙의 입에서
절로 터지는 탄성
"이게 참 진달래인가"
"어메, 진달래가 요로코롬 한군데 모타농께 엄청나 구마니라잉"
악쓰듯 피어나
불붙는 영취산*

---

* 전남 여수시의 북동쪽에 있는 산으로 우리나라 최대의 진달래 군락지로 알려져 있다.

수문포水文浦*의 달

바람은 외진 포구의 방파제에 부딪혀
물거품이 되는데
찬 소주는 수문리 해수욕장 모래 속으로
잘도 스며들었다 초고추장에 버무려진
바닷장어의 부드러운 살이
깊은 바다 속 소리들을 불러와
지난 시절 얘기들이
미역이 되고 바지락이 되어 입 밖으로 튀어나왔다
여름 바다 냄새로
숨소리가 가득할 때
보름을 이틀 앞둔 달이 중천에 걸렸다
금빛 달이 칠흑漆黑의 바다를 출렁이게 했고
밤바다를 가득 채운 고기들의 열정이
달을 향해 뛰어올랐다
수평의 바다와 조화를 이루게
수직인 나무를 골라 심었다는 주인이
추억의 노래를 늦게까지 불렀다
칠흑의 바다는 금빛 달로 출렁였고

달빛이 출렁이는 바다 속으로
걸어들어 가고픈 충동은 거듭 황홀했다

* 전남 장흥군 안양면 수문리 소재 작은 포구.

여름 강

맑은 강물에 산들이 거꾸로 서 있다
산은 강으로 하여 푸르고
강은 산으로 하여 그윽하다
강이 흐른다 강을 거슬러 갔다가
이제는 돌아와 강을 동무 삼아 사는 사람들
새벽 물안개 스멀스멀 피어오르면
애달았던 세상의 한쪽 끝 놓아볼까
새벽녘, 농부들의 땀이 농토 속에 스며든다
어느 곳에서나 희망은 있는 법
강은 오늘도 숨죽여 듣는다,
흠집과 상처들로 얼룩진 농부들의 마음이
새살 돋우며 아무는 소리를
태양을 온몸으로 껴안고 있는 산자락 아래
강가의 나무들, 열매 가득 달고
치열하게 한여름 나고 있다
거기 개울물들이 모여 이루는 강물
벌판을 가로질러 남해까지 흐르리라
흐르는 물살을 못 이겨 사람들의 마음속

고향 마을에 대한 기억 다 사라지고
오래된 길의 지도 또한 지워진다 해도
해오라기 한 마리, 마주 보고 서 있는
여름 강은 장엄莊嚴하다, 너무 슬퍼 울지조차 못하더라도

상가喪家를 오가며

창원에서 개원을 한 친구가 부친상을 당했다
죽은 자가 산 자를 불러, 상주의 고향인 벌교
장례식장에 오랜만에 친구들이 모였다
누구에게나 오는 날
인연 있는 이들 모여
고인에 대한 추모의 정情을 나누는 날
한두 잔 술잔들 오갔다
근동에 사는 친구가 자리를 옮기자 하여
27번 국도를 타고 녹동항에 도착했다
바다가 내려다보이는 선비치 호텔에서
죽음이 주는 축복이라 여기며
산 자들 모여 밤늦게까지 왁자지껄 술을 마셨다
서둘러 떠나는 친구로 하여 잠이 깨
항구로 나와 늦은 아침을 먹었다
부듯가 식당의 시골 백반은
풍성하고 맛깔스러웠다 마른 눈이
남청색 청정한 바다 위에 떨어져 내렸다
아름다운 풍경만으로는

시가 되지 않는다는 얘기를 하며
앞에 보이는 소록도를
당신들의 천국이라고 했던 사람의 고단한 삶을
떠올렸다 허공을 맴도는
마른 눈이여! 은유의 음표들로
그들의 상처를 덧바르라
멀리서 안부만 묻고 돌아서던 곳
뭍과 섬을 잇는 다리는 완성되었는데
무슨 사정인지 아직 개통은 안 되어 있었다
되돌아오는 길은 햇살 속에서도
눈보라 치고, 눈꽃을 이고 있는 풍경은
햇살 조명으로 더욱 빛났다 눈꽃이 피고 지고,
사람이 오고 가는 것이 실낱같은 연기緣起였다

시카고에서

깊이 잠들 수 없다
기다리는 너는 언제 오는가?
잠과 꿈 사이
너를 목마르게 만나고 싶은 밤
애간장이 탄다
시카고 피자 한 조각처럼
하루의 기억 희미하다
마천루 사이
휘익, 휘익 바람의 신음 소리 가득하다
문명을 실어 나르는 시간이
밤새 온몸을 덜컹거린다
며칠 반복되는 시차
적응되지 않는 시간과 세상이 아프다
구겨진 베개가 앓은 소리를 낸다
빠를수록 더욱 잘 돌아가는 도시에서
느림의 미학을 반추하다니!
옆방의 한숨 소리 크게 들린다
뼈의 무게를 비워야 멀리 갈 수 있다

조각조각 달아난 잠
조각조각 깨어진 꿈
아프게 너를 기다리는 밤
끝내 너는 오지 않는다

하의도의 여름 바다

자귀꽃 무성한 해변이다
크림색 차양 안에서는 시詩가 날아다니고
모래구미라는 지명은
흔한 이름이다 아니다
지금 설전 중이다
발목이 젖는다 슬금슬금
제 발자국 따라 바다가 진군한다
스르륵 노을이 수채화처럼 번지는데
바다가 큰 대자로 들어와 눕는다
철없는 게들 설쳐 대고
누렁소 맘껏 풀을 뜯는
섶 섬이라고도 불리는 곳
개금국, 개망초, 인동초,
야관문, 동백열매 황홀한 곳
끝이 아닌 곳에서 끝나는 봉도 가는 길
길이 없는 곳에서 길을 찾는 그대여
무르익으면 저절로 그윽해지는 것을!
낮에는 파래졌다가 밤에는 검어졌다가

새벽에는 뜨거운 해를 토하는 바다
수차가 멈춰 선 소금밭에서
소금이 우는 여름 바다
나이가, 시간이 걸어가는 길이
그대로 아름다운 시가 되는
하의도, 거기 큰 바위 얼굴 하나 있다

창 너머에는
— 함양 전통마을에서

창 너머에는 뜰이 있다 그 너머에는
세상이 있다 대청마루에는 물 주전자와
물그릇, 선풍기가 있고 양산이 있다
대들보에서 내려온 해충 잡는 통,
'다모아' 에는 벌레들의 잔해殘骸가 가득하다
마루 벽에 걸려 있는 라디오가
오래된 마을 이야기를 풀어낸다
들려주렴, 끝이 없는 영욕의 세월을
문門 없는 문, 바람, 구름, 마음 다 드나드는
창窓, 너의 노래를 들려주렴
노씨 종갓집 맏며느리
할머니의 쭈그러진 얼굴
세월 따라 풍화되어 풍경되어 앉아 있다
창 너머에는 다른 창이 있고 바람이 있다
보이는 것이 모두 길이 될 수는 없다
창에 비치는 수많은 풍경 속으로
하루가, 한 시대가 달아나고 있다

그리운 풍경에는 원근법이 없다

벽에 그녀를 걸자, 방이 환해진다
봄 들녘의 바람, 햇살, 상기된
나무들의 숨소리 가득하다
나무들 사이로 하늘이 열리고
둥근 하늘 아래 등불을 든
사람들이 마을을 오간다
부풀어 오른 꽃망울들,
하늘거리는 꽃잎들, 방 안에는
봄의 선, 색, 향기가 넘실댄다
색色은 세상으로 향할 때
비로소 제 안으로 익어 가는 것
그녀가 방 안을 가만히 들여다본다
춥고 힘든 오늘, 웅크린 사람들의
외로운 섬에도 봄은 오는가
상한 시간의 기억 다독이며
새해 첫새벽, 앞산도 지우며
가난한 마음들과 들끓은 소리도 지우며
오는 마른 눈[雪]이여
그리운 풍경에는 원근법이 없다

제2부

창평국밥집

눈에게

오래 아끼던 이가 떠나
손가락 살점이 생채기로 남아 있는 날
제자리 찾지 못하고 떠도는
봄에 뿌리는 눈아!
한번 앉으면 추하게 녹는
제 얼굴 싫어
허공을 맴도는 눈아!
떠나는 자들의 흔적을 덮어
남아 있는 자들의 슬픔을 다지러
온밤을 내리는 것이냐?
염치를 모르는 자들과 더불어
위선을 다시 숨기며
그렇게 살란 말이냐?
소문처럼 사람들이 떠나고 술렁이는 마을
봄이 왔건만 봄이 아니라는
두보杜甫가 나타나 갈 길을 묻는 봄 대설大雪

창평국밥집 · 1

살가운 사람이 그리운 날이면
사람들 북적대는 시장 통 안
담양 창평국밥집으로 가자
기다려 지치고 곤한 뱃속
막걸리 한 사발 마시고
뚝배기 가득 고기 반 국물 반
흰밥 말아 후루루 넘기면
넉넉한 한 세상이 담기는 듯하다
깍두기, 묵은 김치 곁들여
햇양파, 매운 고추, 된장 찍어 먹으면
저마다 다른 몸부림으로 견뎌 온 세월
세상살이 지친 가슴들
어느새 땀이 차오른다
기다릴수록 사람들이 몰리는 삶
어깨 부대끼며 더불어 있어
힘이 되는 마음들을 안다
오래 참을수록 게미*가 있는

쓰디쓴 절망들, 아픔들, 상처들
넉넉한 국밥에 담아 훈훈하게 녹여내는
사람이 아름다운 풍경 하나 만날 수 있다

* 깊고 은근한 음식 맛을 뜻하는 전라도 방언.

창평국밥집 · 2

거리의 익명 속에 묻히고 싶은 날엔
창평국밥집엘 간다 오일장이 서는 재래 장터는
기다리는 사람이라도 있는 것처럼 들떠 있다
버려도 다시 쌓이는 마음의 앙금들,
세상살이 틈에 끼어
잘 빠져나오지 못하는 마음의 조각들,
따뜻한 국밥에 말아
후룩후룩 마신다 장 나들이 나온
시골 할아버지, 할머니들
주름진 얼굴들도 기다림을 마신다
오랫동안 기별 없는 자식들 소식 궁금해도
국밥을 담아내는 옹기는 느긋하기만 하다
가진 것을 다 내려놓을 줄 아는 그들,
두 손 가득 올망졸망한 짐을 들고
야위고 구부정한 자세로 버스를 타고 왔다
경사진 비탈길에만 뿌리를 내리는 칡처럼
한눈팔지 않고 살아온 그들,
모진 풍파를 헤치며 살아왔다

칡을 많이 캐고 싶으면 싶을수록
더 많은 땅을 파야 하는 세상의 이치를
창평국밥집이 있는 재래 장터에서 배운다
마음을 쪼개 가슴을 열면
지나간 세월의 멍멍함이 서성이는 곳
만남과 이별이 자연스러운 곳
사람이 그리운 날이면 창평국밥집엘 간다

슬픔에 대하여

기가 막힌 슬픔을 아느냐
가슴 먹먹한 슬픔을 아느냐
온몸 서늘한 슬픔을 아느냐

슬픔은 기막힌다
슬픔은 가슴 먹먹하다
슬픔은 온몸 서늘하다

슬픔은 늪이다
슬픔은 침묵이다
슬픔은 우물에 차오르는 물이다

친구

약속은 구속이라며 약속을 싫어한다
여백의 멋을 좋아하는 동양화가 같다
인류의 장래를 궁금해한다
유전자 복제가 성행盛行하는 미래를 꿰뚫어 본다
천체 물리학을 공부하는 미생물학자이다
물 흐르듯 지나치지 않는 중용의 미학을 설파한다
영락없는 철학자다
불의에는 참지 못하는 반골주의자反骨主義者이다
사소한 세상사에 소주 한잔 마시며
울분을 터뜨리는 소시민이다
오늘도 낯익은 주점에서
정다운 얼굴들과 장자를 논하는 내 친구

8월

겉 장마가 더 무섭다
비가 흠뻑 온 듯하다
뿌리까지는 젖지 못한 농작물들!
저들의 타는 목마름을 누가 알까?
여울을 흐르는 소문도 무섭다
눈에 보이는 것이
어찌 중요하지 않을까?
말 못할 사연은 누구에게나 있다
밤사이 빗줄기에 씻겨 나가는 진실
무성하게 자란 소문으로
술렁거리는 마을
익명의 공간으로
예쁜 독버섯이 쑥쑥 자란다
이들의 이야기는
소설이 되어 잘도 팔리는데
내게는 아무도 책값을 요구하지 않는다
기온은 점점 오르고,
열熱섬 현상이 늘어 간다

연일 계속된 열대야
옷걸이 한쪽에 걸려 있는 철 지난 바지에
듬성듬성 곰팡이가 슨다

거리에 대하여

안전거리란 제한속도의
제곱을 백으로 나눈 거지
비나 눈이 올 때는 감속해 운전해야지
당신과 나의 거리도
너무 가까우면 상처를 줄 수 있지
사람들 사이에도
파랗게 날이 선 언어들
동그랗게 만들
안전거리가 필요하지,
그리운 이들 길 떠나지 않도록

블랙박스가 장착된 승용차를 타고
순천 가는 길
라니냐 태풍으로 가을장마가 지고 있지
수막현상으로
달리는 차 기우뚱거리고 있지
무시로 물벼락을 날리는
아열대로 변해 버린 한반도의 날씨처럼

당신과 나도

한순간 방심하면

서로에게 큰 상처를 줄 수 있지

선물

정갈한 7209호 내과 병실, 아침 햇살이 환하다

누군가 두고 간 천 원어치 뻥튀기 한 봉지

바삭바삭 기꺼이 자기를 부수면서

바삭바삭 온몸으로 구수한 기쁨을 준다

셈할 수 없는 천원, 그 이상의 뻥튀기 한 봉지

쭈글쭈글 병에 지친 얼굴들, 웃음꽃으로 환하다

낙엽은 살아 있다

당신을 불러내 소주 한잔 하고 싶은
바람 부는 초겨울 밤이다
메타세쿼이아 가로수 길을 홀로 걷는다
낙엽이 눈처럼 설쳐 댄다
그렇다, 다음이란 없다
가벼운 것, 무거운 것,
서로 마구 버무려져
폐부 깊숙이 갇혀 있던 말들 튀어나온다
말[言]이 보도 위에 낙엽처럼 나뒹군다
"사는 것이 다 거시기 한 것이다" 라는
이대흠 시인의 거시기를 같이 읽고 싶은 날이다
바람 불어 우수수 소리치는
그네들을 바라보면
오래 참아 온 것들이
퍼렇게 살아 되돌아온다
잎이 떨어져 땅으로 스며드는 그들의 영혼
낙엽은 다가올 봄의 싱싱함으로 살아 있다

입춘

새벽녘 이른 봄비 내린다
겨우내 아파트 화단 한구석
지난 계절 뭉뚱그려 쌓여 있던 눈덩이들,
흔적도 없이 사라지는구나
사연 많은 올겨울
내 모습 없어지는 것 같아
울컥 눈시울이 뜨겁다
오지 않는 사람 기다리게 하는
아픈 기억들도
오늘을 견디는 연료가 되어
살아가라고 속삭이는, 시린 내 자화상自畵像

포항에서 온 편지

1

여러모로 신경 써 주어 고맙구나
아직도 우리의 삶들 바쁜가 보다
멀리 있어도 믿음의 나이테
단단하게 자라나는구나
인생이란 머리에서 가슴까지
가슴에서 발까지의 먼 여행길
있는 곳에서 열심히 살고
만날 날을 기약하자 메리 크리스마스!

2

세상의 곳곳에 뚫려 있는 구멍
우리의 빈 가슴으로는 채울 수 없구려!
묵을수록 독하고 매운맛을 내는 것들
우리는 어찌하여 햇것들의
풋풋한 첫 마음 잃어버리고 사는지요?
올겨울에는 눈 내리는 날 많아
형에게 가는 편지 자주 얼어붙습니다
사람 사는 일이란 내 안에 나를 새기는 것!

지팡이

새인봉을 산행하는 중에
지팡이가 부러졌다
오래전 어느 환자한테 선물 받은 지팡이
세상에서 가장 단단하다는
아프리카 흑단으로 몸통을 만들고
동물의 뿔로 손잡이를 장식한 지팡이
된비알을 만나면
더불어 헉헉대는 지팡이
눈비가 와 미끄러운 내리막 산길도
지팡이가 있어 힘들지 않았다
산에 갈 때마다 그림자 같던 이여!
헤어질 때는 이렇게
덧없이 헤어지게 되는구나
만나고 헤어지는 일
늘 겪었는데도 새삼 놀랍구나
까마득히 잊고 살았구나
잡고 있던 손 놓치니 허전한 마음
시린 막걸리에 담아 마시며

헤어져 혼자일 때 외로운 건

어리석은 사랑이라고 중얼거려 본다

깡다리 백반집

광주시 일곡동 남도음식박물관 근처
한 상에 오천 원하는 깡다리 백반집 있다
한여름 오후, 숨찬 허기를 달래려
허겁지겁 숟가락 들면
깡다리들이 일렬로 누워
눈 똑바로 뜨고 나를 쳐다본다
가스 불에 오랜 시간 들볶여도
조기 새끼 아니라며 깡다구 있게 깡다리는
제 몸의 형체를 고스란히 간직하고 있다
배마다 불룩불룩 알을 가득 배고 있다
깡다리는 오뉴월 목포 근해에서 잡혀와
백반집 찌그러진 양은냄비 속에 들어간다
주인 아낙네의 손맛과
매운탕 양념이 버무려져 자갈자갈 끓는다
냄비 들어내기 직전
쑥갓, 깻잎 몇 장 얹어지면
백반집의 가장 귀한 찌개가 된다
고향을 깡그리 잊어버리고 살다가도

때가 되면 깡그리

알싸한 고향 바다 냄새를 토해내는 그대여!

여름은 한창 숨 가쁜데

국물 속에서 고향 바다가 출렁인다

심장, 그 가슴 따뜻한 사랑

심장은 잡히지 않는 사랑이다
형체도 색도 없는 바람 같은 것!
시간의 물결 따라 달라지는
빛의 그림자놀이 같은 것!
머릿속에 있지 않고
가슴속에 있는 것!
바람 속, 하늘 밖 세상이 아닌
저잣거리에 있는 것!

흐린 오늘, 세상에 부는 바람 어지러운 건
그리운 이름들 부르지 않기 때문이다

사랑은 붉고 둥근 달이다
둥둥거리는 북소리다
마구 뜀박질하는 종달새다
그리워할 때마다
술렁이는 내 가슴속,
팔딱팔딱 뛰는 그대여
심장, 그 가슴 따뜻한 사랑이여

Navy Pier Dock Cafe

잿빛 하늘 아래 청록색 호수가 바람꽃 만든다
경쾌한 라틴음악이 바람의 향기처럼
크고 작은 유람선*에 스며든다
여행자의 설렘, 채워지지 않는 허기 어우러져
소란스럽고 가물거리는 부두 카페
이국 음식 Hot wing과 Coke 한잔
갈매기는 끼룩끼룩 울고 참새는 짹짹거린다
아이들 웃음소리 옥구슬로 굴러다니는 오후
지구촌 군상들 저마다의 표정으로 수런거리는
Navy Pier Dock Cafe

---

* Spirit of Chicago, Windy, Odyssey, Twin Duck.

무등산은 늘 그 자리에 있다

산을 오르는 것은 인생과 같다고 중얼거리며
해마다 십이월이면 무등산에 오른다
오고 가는 사람들 속
저잣거리에는 오늘도 빈말들 무성하지만
서러운 일들 가슴에 묻고
막막한 약속, 시린 바람에 다지러
오늘도 산이 좋아 산에 오른다
산등성이에는 억새들 무리지어
서로를 비비며 빛나고 있다
바람에 꺼이꺼이 소리치고 있다
살아 있는 것들은 다 흔들리고
살아 있는 것들은 다 새 생명 감추기 마련이다
열역학 에너지 법칙에 의해
한 방향으로 정연히 나부끼는
억새들의 하얀 반짝임,
겨울 산, 시련 속에서 자라는 힘,
힘의 은빛 알갱이들
팔부八部 능선쯤에서 내려갈 일을 생각하며

늘 한결같은 산에 취해
탁주 한 사발 마시면
떠나온 길에 비해 돌아오는 길 짧구나
세찬 바람에 파랗게 언 몸 풀리고
마음 한구석에 감춰둔 독毒 슬며시 녹아
고단한 인생길 절로 힘이 나는구나
눈 감고서도 찾아갈 길 많지 않다는 것을
중년의 나이가 되어서야 깨닫는 동안
산기슭, 누구의 모습도 거부하지 않고
삼켜 버리는 길들 둘둘 말려 안으로 들어온다
홀로 견디어 온 마음의 상처들 속에서
누군가에게 보이려고 살지 말라고
속삭이는 무등산은 늘 그 자리에 있다

제3부

일어서는 강

벽

사방이 막막하구나 한눈팔지 않고
걸어온 길, 돌아보니 허망하구나
온종일 환자들과 씨름하다가
허물지 못할 벽은 없다고 생각하던
지난 1970년대 우리들 사랑법을 떠올린다
언제나 그 모습 그대로인
사랑은 배고픔 같은 것인지도 모른다
아픈 기억과 묵은 상처는
건드릴수록 독毒이 오르는 법 아닌가
이제는 똑똑하고 게으른 자의 미학을
배워 보자꾸나 채울수록 허전하고
비울수록 고요한 사람들 사이 벽을 생각하며

부석浮石

욕망 한 덩이 허공에 떠 있다
부질없는 것들
우주의 중심 발아래 두고
뜬구름처럼 둥실 떠 있다
혼이 없는 것들,
오직 행하는 자만이 선善인가
인간은 도대체 얼마나 가난한가
얼마나 큰 수치로 차 있는가
영혼 깊숙이 삽입되지 못한 것들
밤하늘을 지키던
북두칠성北斗七星의 정신
어느 구석에 다 팽개치고
호수 한켠 내려다보며
분노 한 덩이 허공에 떠 있다

빈집

입춘 새벽이다 가랑눈 내린다
자신의 눈물로 제 뿌리를 적시며 사는
중년 사내가 내뱉는
마른 기침 소리 들리는 집
위로받지 못한 자학의 통음痛飮으로
빈 약 캡슐들만 나뒹구는 집
누군가를 위해
마음의 등 하나 걸어 보자던
마음, 따로 되돌아 누워 뒤척이는 새벽
희미한 달빛에 흔들리는
여러 겹의 시간들
어지럽다 바람의 결 따라
손가락 사이로 빠져나가는
먼 옛날의 온기여!
다시는 기다리지 않으리라
배반과 의지의 시간들,
지치고 상한 마음들 모여 잠드는
아파트 공동묘지에 가랑눈 내린다

장맛비

밤꽃 냄새 비릿한 유월이 가고
눅눅한 칠월의 바람이
부대 안을 맴돌 때
찾아온 저 젖은 손님
북녘 하늘로 향한 김 일병의 총구도
푸른 옷의 신성한 의무도 젖고 있다
일주일째 네모난 의무실 방에 갇혀
끙끙 앓는다 남쪽에는
큰 물난리가 났다는데
고향집 오랫동안 소식 없다
밤새 천둥번개 치고 폭우로 쏟아지는데,
아무도 창밖 어둠 속으로
뛰쳐나가지 못한다
비가 새는 막사 지붕을 고치려다
떨어져 다친 내무반장 심 하사,
내장에서 파도 소리 난다며
며칠간 구토 설사로 핼쑥해진
섬마을 출신의 이 병장

모두들 쉬이 잠들지 못하고 뒤척이게 하는
파랗게 날이 선 계절의 정기 연주회

문산汶山에서

해 질 녘 땅과 하늘이 맞닿는 강 언덕에 오르면
슬픔으로 피어오르는 몇 마리 새들 보인다
갈 수 없는 곳까지 가 버린
교외선 열차의 낯선 기적 소리 속으로
무리 지어 흐르는 푸른 옷의 행렬과
이따금 폭죽처럼 터지는 총성 너머
숨죽인 겨레의 염원인 북녘 하늘
아직도 타인으로 남아 있다

말의 배고픔이야 그리움 같은 것
말들이 노니는 말의 해저에는
무슨 빛나는 언어 한 다발 있어 이 배고픔을 달래
줄까
언제부터인가 사람들 당당하게 통일로를 달려와
임진강臨津江 부근 횟집에서
몇 접시의 빈 낱말 비우고 간다

소리 죽여 흐르는 강과 더불어 밤을 지새우는

병사들의 하루, 누가 아파할까
나룻배로 오르내리던 때의
슬픈 강 노래를 누가 기억할까
먼 마을의 어둠 속으로
하나둘 불 밝히는 그리움 출렁이는 강 언덕
거기 가고 싶어도 갈 수 없는 곳 향해
그저 바라만 보고 있는, 아픔의 맨 끝 문산이여!

여름의 시詩

두개골에서부터 반기를 드는
지금을 해부하지 않으면
곧 부패하고 말
목이 타는 한여름 하오
시작과 끝이 분명치 않는 공간 속에
돌멩이들 조금씩 비켜 자리 잡는다
세태의 강줄기에 몸 맡긴 채
타인처럼 죽어 가는 것은
별거 아니다 몰락해 버린
장마 뒤의 선산 하늘가
이상한 잡초들만
무성한 신음 소리를 내고 있다
물이 고인 구덩이마다
단호하게 하루살이 떼
생을 저항하고 있다
얼굴 없는 무덤 속의 눈들 놀란다
얼굴 없는 표정으로
썩어 가는 살을 지켜볼 뿐

무죄인 양 눈 감고 있는 나의 죽음에
시여, 꼭 헝가리 광시곡 같은
여름의 시여, 침을 뱉어라

플라타너스

플라타너스가 하늘을 향해
두 팔을 벌리고 서 있다
햇살을 온몸으로 받고 있다
가지마다 부푼 꿈을 달고
도시의 구석구석 호위하고 있다

도시의 거리를 달리고 있는 불빛들
눈부시게 터져 오르는
베를린의 여름밤
밤과 더불어 플라타너스의 잠도
천천히 바래 간다

바람이 불면 불면의 가지마다
낡고 오래된 이야기들이 바스락댄다
소문이 심상치 않은 조국의 6월
플라타너스는 아직도
마지막 남은 햇살을 곱씹고 있다

아침이 오면 싱싱한 잎들
금세 수런거리고, 텃새들
분주하게 일상을 물어 나르겠지
텅 빈 베를린 시내 가득
플라타너스의 숨소리, 당당하구나!

밀러플라자

광주시 봉선동 포스코 아파트 앞
좁은 골목길에 밀러플라자라는 호프집 있다
주변의 상가가 조금씩 세련되어지고
현대화되어도 주눅 들지 않고
옛날을 고수하는 그런 집 있다
그곳에 가면 가수 마야 혹은 서인영을
닮았다고 하는, 생 얼굴에 단발머리를 한
귀여운 누이 같은 여사장 만날 수 있다
마른안주, 북어포 세트를 좋아하는 그녀가
김치전에 달걀 프라이 내놓은 날은
특별한 일이 있는 거다 단골들의 발길
하나둘 끊어지고, 세계적인 경제 한파가
이곳까지 미쳤기 때문일까
왁자지껄하던 가게 조용해지고
골목길의 가로등 불빛 희미해지는 날
요리 학원에 다니던 그녀
조용히 결심했는지도 모른다 애인 하자는 사내들
모두 가슴에 품어 주기로 작정했는지도

중학교에 다니는 두 아들 사춘기를 앓은 동안
살아 내야 하는 시간의 무게
조금씩 느끼기 시작했는지도 모른다
드나드는 사람들을 지켜보는
행운목과 대만 벤저민은 없지만
따뜻한 촛불 켜고 손 내미는 창문들이 있는
구닥다리 스피커에서 춤추는 음악들이 있는
밀러플라자에는 늦은 밤의 식욕 같은 것이 있다

물 끓는 시간

나를 덥히려면 당신이 먼저 뜨거워져야 한다
당신이 뜨거워지려면 무엇보다 시간이 필요하다
오늘따라 몹시도 서두르는 당신,
맹렬히 타오르며 이곳저곳 나를 자극한다
당신은 후끈 달아오르면서도 얼굴만 조금 붉힌다
임계점에 이르면 내 피부에서는 소름이 돋는다
땀샘이 열리고 가느다랗게 앓은 소리를 낸다
날름거리는 당신의 혀가 파랗게 날을 세운다
이윽고 내가 뜨거워지면서 당신은 말을 잃는다
빠르고 화끈한, 더디지만 오래가는
여러 얼굴을 가진 당신, 당신의 에너지가
늠름하게 쳐들어와 나를 덥힌다
당신의 몸 곳곳을 뚫고 솟구쳐 오르는 나의 파동들
방울이 점점 커지면서 내 눈이 등잔만큼 열린다
그래 바로 이거야 내 온몸에서
굵은 땀방울이 솟구쳐 오르고, 환희의 신음 소리가
달아오른다
아득히 천둥번개가 치고 우레 소리가 들린다

백팔번뇌가 끓어올라 우리들 사랑이 기화하는 동안
방 안에는 고소한 냄새로 가득하다
파도가 절정에 이르면 소리 없이 스러지듯이
어느 한 순간에는 우리 모두 흔적 없이 사라져야 한다
자신의 가슴에는 역사를 새기지 않는 물,
그래, 나는 텅 비어 있는 또 다른 물이다

시무지개 폭포
— 첫 만남

푸른 논 가운데로
성긴 빗방울이 후드득 떨어진다
장글장글 햇볕 기다리는 벼
비를 품은 바람 타고
파도처럼 찰랑인다
황금들판의 꿈 간절할수록
산중턱 휘감아 도는
비구름에 애가 닳는다
오래 기다려야
구름 사이로 언뜻 스치는
아슬아슬한 경계의
반가사유半跏思惟를 일깨우는 너의 끝자락

애태우지 않는 사랑

담담하고 부드러운 사람이고 싶다
외침보다는 넉넉한 눈빛으로
허황된 큰 꿈보다는 소박한 소망으로
오르는 것보다는 내려가는
지혜로 살고 싶다
황홀한 떨림보다는
은은한 기쁨으로 물드는
느리고 더디게
오래 기다리는 사람이고 싶다
그리움을 그리워하며 기다리는
느티나무 가지 사이로 부는 바람
'살아 있으라',
'살아 있으라' 속삭인다
끝 간 데 없는
지평선 지켜보며
바람에 온전히 몸 맡기고 있는
나무들의 저 일렁임

화개花開*에서

그해 겨울엔 낯익은 하구마다
조금씩 술렁거렸다 우리는
도회都會의 남루한 꿈을 버리고 돌아와
저마다의 깊이로 출렁이는 강江, 강언덕에서
오래된 할아범의 주검이
바람 속에 떠도는 것을 보았다
흔들리며 그리고 나아가며
가없는 기다림을 아파하는 바람이
지리산 골골을 맴돌며
자꾸만 나아가라고 속살거렸다
도시에 남겨 둔 한 조각 육신만
빛바랜 기억처럼 멀어져 갔다
지나온 시대의 울음 뒤에 남은 것은
무엇일까 침묵의 산하에
저음低音으로 눈은 내리고
거친 열정과 투박한 방언들 어우러져
소리 없는 합창이 되고 있었다
뚝배기 가득 서러운 약속들 모여

또 다른 역사가 되는 곳 화개여!
낯익은 얼굴들, 소리 소문 없이
하구를 떠나도 기다림이 흘러
강이 되고 한恨이 되고 있었다 강물 속에서
깨어나는 그해 겨울의 비망록이었다

* 경남 하동군 화개면 소재 섬진강변의 지명.

수만리 가는 길

수만리 가는 길이다 차창 밖에는 유월의 들녘
푸르고 반듯한 세상을 심느라 분주하다
행복이 무엇이냐고 묻는 벗에게
꿈을 연장하되 그 근거를 감시하는 정신이
필요하다는 시*를 들려준다 피할 수 없는
외길을 만나도 먼저 가라고 뒷걸음치며
웃음 짓는 사람들, 눈부시다 잘 발라진
생선가시 모양 허옇게 드러난 나무뿌리와
거북등처럼 갈라진 저수지 바닥을 바라본다
초봄의 풍성함을 되묻는 계절은
우리를 놀라게 한다 왜 빨갛게 나뭇잎이
타들어 가는지, 가슴앓이를 하는 대지에게
왜 사랑의 강물이 흘러야 하는지,
묻지 못한다 오뉴월 농부들의 목마름
누가 알 수 있을까 사물은 늘 낯설게 나타나고
하나의 시각으론 숨겨진 역설을 다 알 수 없다
만연사 대웅전 옆 배롱나무는 말이 없고
바람 많은 세월 잘 견뎌 낸 옹이들 환하다

만연폭포의 가느다란 물줄기만
마을에 전해 오는 사랑 이야기 서럽게 풀어내고 있다
그 시절 시퍼렇게 살아 있던 물찬내[水冷川],
어우러지던 물소리, 그립다 대답할 수는 없어도
목마른 친구여! 물촌[水村]마을 느티나무 아래
아직 발아하지 않는 꿈의 풀씨 하나 심어 둔다
갈 수 없는 길 밖으로 길이 있다

---

* 정현종 시집 『나는 별아저씨』 중 「절망할 수 없는 것조차 절망하지 말고」에서.

억새에게

탐진댐 수몰지구 거쳐 천관산 가는 길
보이는 것만 중요하지 않다고
잠겨 버린 물 밑의 세상을 기억하라고
시월 갈바람에 기대여 소곤대는 이여!
어린 시절 고향에서 함께 자란 친구들
탐진강 물 내음 간직한 채
연어와 산천어처럼 헤어져 버렸구나!
떠나는 자의 비장함,
남아 있는 자들의 슬픔,
돌아올 때의 치열함이
대대로 나고 죽는구나!
유년 시절의 기억들이 시간의 물결 따라
빛바래 갈 때
산기슭 우뚝우뚝 돌부리로 솟아나
그대와 어우러져 사자평獅子坪을 이루고 있다
큰 사람의 향기는 죽어서도 널리 퍼지는 것
아름다움은 거기 그냥 존재하는 것
물 밑으로 잠겨 버린 고향산천 지켜보며

그대 스스로 역사가 되어 버린
가을 산, 날지 못하는 새여, 억새여!

세상의 강을 건너는 우리들

— 김한균 선생에게

세상의 강을 건너는 수많은 환자들 속에서
의사로 사는 것이 마냥 즐겁지만은 않다
밤새워 지킨 자존심
아침 허기로 울렁거리는데
막힌 혈관 뚫어
차디찬 사지에 따뜻한 피 돌게 하고 싶었다
멋대로 뛰는 심장,
제대로 둥둥 뛰게 만들고 싶었다
수없이 시도한 심실제세동기*
화인火印처럼 남겼는데
간절한 바람으로 지켜볼 뿐
죽음이란 누구의 잘못도 아니다
쉽지 않는 보호자를 만나
한동안 인생 공부를 하다가
'어려울수록 돌아가지 말라' 는 강호의 속담과
'아는 만큼 보인다' 라는 말을
다시 한 번 되새긴다 힘들고 어렵게
병病을 알아 갈수록 정신은 맑아

죽음과 동행하는 관중도, 박수 소리도 없는 길
오늘도 세상의 강을 건너는
우리들, 더불어 그 길을 간다

---

* 심실세동을 제거하기 위해 전기충격을 가하는 의학 기구. 심장의 박동에서 심실의 각 부분이 무질서하게 불규칙적으로 수축하는 상태를 심실세동이라 한다. 이때는 심실에서 혈액이 박출搏出되지 않으므로 순환부전循環不全을 일으켜서 사망하게 된다. 따라서 심장마사지를 하거나 제세동기除細動器로 세동을 제거해야 한다.

일어서는 강

강물이 깊어지면서 사방이 어두워지자 잔치는 시작되었다 소주잔으로 안부를 건네며 오랫동안 만나지 못해 생긴 허기를 채우기 시작했다 돌아가면서 짧은 소회를 나누는 사이 한쪽에서는 어느새 취기가 돌았다

후배 시인이 선배 시인의 시를 낭랑하게 읽자 죽었던 시인이 생생하게 되살아나 서로들 '안 죽고 살아만 있으면 고것이 제일이제' 라고 말했다 들뜬 목소리들과 바람이 잠잠해지자 천막 밖 자갈밭이 우리를 불렀다 달빛을 모닥불 삼아 별빛을 가슴에 품고 섬진강의 자갈만큼이나 수많은 말들이 오갔다 강은 제 스스로 도달할 곳을 알고 있었고, 아무리 걸어도 도달할 수 없는 생의 밑바닥처럼 무엇이 두려운지 밤 낚싯대의 야윈 바늘 끝이 가늘게 떨고 있었다 밤이 깊어 갈수록 갈증은 더 심해졌다

새벽녘, 누군가 강을 흔들어 깨웠다 밤새워 숨죽이며 흐르는 것조차 잊어버리고 있던 섬진강, 새벽마다

아우성치며 그렇게 일어섰다 흐르는 강물 한복판에 서서 목말라 외치는 자 누구인가 수면 위로 아침 햇살이 눈부시게 튀어 오르고 있었다

제4부

갈 길을 묻다

시간의 흔적

바람이 몹시 부는 아침이었네 고추잠자리 떼 지어 날고 있는 여름이었네 도로 위에 드문드문 비닐봉지들 춤추고 있었네 바람으로 세차게 부서지고 있던 그녀 세상 곳곳에 그녀의 파편들, 흔적들, 그림자들이 흩어지고 부서지며 너울거리고 있었네 그녀를 붙잡을 수 없었네 잡으려고 할수록 그녀는 매끄럽게 품에서 달아나 버렸네 달아난 그녀에게서 기억의 알맹이를 탁본하는 일은 몹시 힘이 들었네 모든 흔적은 상처의 기록이니, 흐르고 변하는 것들이여 시리고 아린 것들이여 그녀가 다시 잘게 부스러지네 그녀의 물살이 흩어졌다 다시 모이네 바람 부는 어느 날, 아직 해독하지 못한 그녀의 안부를 물었네

문

문이 닫혀 있다 닫힌 문을 열어젖힌다
세상의 빛을 제일 먼저 느끼는 자들,
꽃들에게 그의 안부를 묻는다
혼자 이곳까지 걸어왔다고 말하지 말기를
문이 다시 닫힌다 두려움을 넘어
깊고 뜨거운 연대의 징소리가 들린다
둥둥둥……. 오늘도 광장은 열려 있는데
그래, 고전이 가장 진보적인 거다
가 본 적 없는 선친의 고향 바닷가에
노을이 걸려 있다 하늘 바다가 온통 핏빛이다
그렇다 노을이 저 홀로 피어나는 것 아니다
그 빛을 한순간 아름답게 하기 위하여
스스로 저물며 숨죽여 우는 누군가 있기 때문이다
그래, 아무리 힘들 때도 서로 등 돌리지는 말자
문이 다시 열린다 모든 것이 내게
달려 있나니, 문은 열릴 때가 가장 아름답다

울돌목

그를 만난 지 꽤 오랜만이다 순간
오래 참아 온 눅눅한 설움 한 덩어리
가슴속 울컥 치밀어 오른다
해남군 우수영과 진도군 녹진 사이
수심 이십 미터 폭 삼백이십오 미터의 바닷길
두 하늘의 다른 물이 좁은 해협에서 만나
캄캄한 해저 깊이 격랑을 이루고 있다
눈멀고 귀먹은 세상 사람들아!
보이지 않고 소리 들을 수 없으니
그 뜨거움, 한恨 많고 배고픈 넋들
깊은 여울 되어 온몸으로 추는 춤,
춤의 넋두리 알 수 있을까?
하루에 들물과 날물이 네 번,
정지가 두 번인 그대의 일상
오랜 설움이 발효되어 이어진 역사 속에서
사람들의 힘 불끈 치솟게 하는 그대여!
밤이면 농밀한 안개로 정한 풀어내는가
말을 떠나야 실재를 만날 수 있다고
말을 찾는 우리에게 그는 말하고 있다

갈 길을 묻다

안개가 이리저리 몰려다니는 새벽 산동교, 출근길 차들이 비틀거린다 지루한 가을 가뭄에 강물이 마르고 마른 바람에 서걱대는 갈대들, 이곳저곳 옮겨 다니는 철새들, 강에 기대어 사는 그것들, 아프다 온전치 않는 한 사내의 생生도, 사랑도, 서러운 감정도 흐르는 시간의 물살에 씻기면 빛바래고 마는 것을

동쪽 하늘에서 붉고 강한 해가 떠오른다 서쪽 하늘에서는 그늘로 얼룩진 둥근 달이 안개 가득한 아침 세상을 물끄러미 내려다본다 눈을 감아야 색깔이 보인다는 어느 화가에게 시작도 하지 않은 하루가 갈 길을 묻는다

원시인原始人을 꿈꾼다

1

십이월, 하루의 일과가 끝나면
사방이 어두워진다 은근하게 술렁이는
연말의 불빛들을 뒤로 하고
사람들 하나둘
인라인스케이트장 안으로 모인다
매서운 바람에 얼어붙은 근육들이 놀란다
발바닥에 바퀴를 단다
연습 부족을 망각한 채
질주하라고 소곤대는 유혹에 따라
야간조명이 환한 트랙에서
사람들은 인라인스케이트를 탄다
바퀴 달린 발바닥으로 땅을 밀면서
사람들은 앞으로 나간다
지층시대의 유인원類人猿처럼
왼쪽과 오른쪽, 상체와 하체가
흔들리고 엇갈리면서
그들은 앞으로 나간다

허리, 엉덩이, 다리가 함께 미끄러지면서
땅에 저항하면서 기뻐하고 즐거워하는 것이
온몸으로 추는 춤이고,
온몸으로 두드리는 장단이다
균형 잡힌 신체의 곡선은 얼마나 아름다운지
직립보행 이전의
아득한 원시시대가 저러했으리라
무리 지어 굴러가는 젊은이들의
뒷모습에서 원시림을 본다
땅 위를 굴러가는 일이 이토록 가벼울 수 있다니!
짧은 거리에서 자유를 느낀다

2

인간은 언제부터 왼쪽으로만 돌아온 걸까?
돌다 보면 저절로 좌측통행이 되겠지만
우리 모두가 항상 좌파는 아니다
엉뚱한 생각에 내 몸이 균형을 잃고 비틀거린다
스케이트 바퀴가 노면에 부딪혀

깨어지는 날카로운 소리
바람과 사람이 맞서는 숨소리
겨울밤 찬 공기를 찢는다
땅과의 마찰을 즐기며 마찰과 더불어 노는
사람들이 무겁게 억누르는 이 땅 위를
바람처럼 가볍게 미끄러진다
한 발로 몸의 중심을 잡고
다른 발을 들어 옮기는 크로스오버 동작에서는
나도 흔들린다 하루 종일 위태롭게
뒤뚱거렸던 나의 생도 함께 흔들린다
산다는 것이 본래 한순간 절박해지지만
때로는 너무도 터무니없는 것일 수도 있다
발바닥에 희망을 달고 미끄러지면서 달려 보자
바람을 가르며 원시의 정글 속을 달려 보자
쉬이 헤어지지 못한 하루가
운동장에 긴 그림자를 남길 때,
도시의 아스팔트 위에서 나는 원시인을 꿈꾼다

은행나무의 유전자

그녀는 침엽수의 DNA를 가졌다
그토록 부드러운 수천수만의 이파리에
뾰족한 침엽의 유전자가
숨어 있을 줄이야 어떤 이는 아직 파랗고
어떤 이는 이미 노랗다
남들 서둘러 노랗게 화장하는데
홀로 푸른 그녀는 반항하는 것이 아니다
그녀의 뿌리를 감싸는 땅의 모성母性이
강하기 때문이란다 잎을 밀어 올리는
뿌리의 힘만큼 힘센 이 있을까
중생대 식물화석에 남아 있는 그녀의 흔적들
그 오랜 세월 변함없는 모습으로 살아온
그녀들, 침엽의 찬 성격性格은
더러 방화림이 되기도 한다
오리발 닮은 그들의 잎,
가까이 들여다보면
색깔은 같지만 모양이 다 같은 것은 아니다
잎들은 자신의 역사 속에서

비슷한 얼굴로 살아간다
바람에 전해 오는 계절을 견디던 어느 날
가을바람에 소소히 휘날리는 그네들의 잎은
영락없이 천국에서 내려온
노란 나비들이다 한 계절을 마감하는
극적인 귀향, 늦가을 가로수 길에
그녀들의 노란 소망 가득하다

봉하 마을에서
— K형에게

K형, 밤꽃 흐드러진 봉화산
그 길을 오릅니다 이름 없는 백성들
들꽃처럼 길마다 그득합니다
정토원 가는 길
나뭇가지에 노랗고 작은 깃발들
내내 노란 물결로 울먹이고 있습니다
부엉이 바위 아래에서
그곳을 올려다봅니다
감나무 연초록 잎들 이리도 고운데
유월의 산중은 말이 없습니다
햇빛 머금은 감나무 잎들,
바람에 일렁이며
사람들의 얼굴에 그림자를 만듭니다
저기 사람이 가네, 했다는
바보 같은 사람을 한참 생각하다가
오랫동안 소식 없는 K형을 떠올립니다
수상한 시절에,
사람이고자 가슴 아파했던 형은

어디에서 이 시대時代의 비명을
듣고 있는지요? 그분이
자주 들렀다는 마을회관 옆
국밥집에 들러 국밥을 안주 삼아
막걸리 한 사발 들이켭니다
백성들의 국물은 진하고 깊습니다
저기 사람이 가네 그 비명 소리,
돌아오는 길, 이명耳鳴이 되어 울고 있습니다

북경일기

십일월의 첫날, 북경에서 첫눈을 맞는다
커튼을 가지런히 젖히고 원시의 자세로
북경 시내를 내려다보는 그녀의 뒷모습을 바라본다
눈 오는 바깥세상으로 그녀가 떠나고
홀로 남은 나는 쉬이 나를 지우지 못하고
창밖 저 마른 눈처럼 허공을 헤매는 것일까
흔들리는 마음은 낙하산과 같아
마음들이 서로 열릴 때만 작동하게 되는 원리를
낙하산 펴지기 직전 순식간에 내면 풍경이
튀어 올라오는 것을 바라본다

북경 시내 한복판, 아파트 단지 내를
짙게 선팅한 차량이 은밀하게 드나들고
진짜 같은 가짜를 파는 세상
가짜인지 알면서 왜 우리는 그렇게 환호하는 것인지
상점 주인이 건넨 커피를 마시며
한데서 떨고 있을 그녀를 생각한다
세상은 너무 많은 거짓말을 한다

믿음마저 나를 행복하게 하지 못한다
뼛속까지 하나인 척하면서, 사실은
한결같이 우리는 혼자 있구나

육체와 정신, 어느 것이 먼저일까
육체인 우리는 말보다 먼저 자아를 이행한다
눈을 감으면 서로의 내면 풍경이 보인다
또다시 눈 속으로 그녀가 떠나고
그녀의 뒷모습을 보고 서성이고 있는 나를 바라본다
하염없이 함박눈은 내리는데,
멀어질수록 두근거리는 한쪽 가슴이 아리다
언제나 그녀는 나를 높은 곳으로 끌고 올라간다
갈 길이 정해진 발걸음은 저렇게 경쾌하구나
떠나는 것은 모든 것들을 천천히 내게 돌려준다

채석강

밤사이 들어온 밀물이
절벽 아래에서 지친 몸을 뒤척이고 있다
바위의 물결인 채석강
지난밤엔 선명히 깜박이던 등대가
세상이 답답하다고 신호했다
유월 대한민국 촛불시위처럼
한밤중까지 계속된 폭죽놀이로
인파 붐비던 너른 백사장
단호한 바다의 일상에 자리를 내주고
시방 사방은 고요하다

먼저 누운 시간 위로 다시 시간이 눕는
단애 사이, 오래된 시간이 잠들어 있다
뱃사람들의 간절한 바람이
바위 안에 갇힌 시간의 울음소리
층층마다 저마다의 사연을 숨긴 채
백악기 중생대의 암벽들이
겹겹이 다른 얼굴로 누워 있다

암벽에 새겨진 시간의 흔적들
누군가의 손길 기다리며 묵언수행默言修行 중이다

먼바다 파도의 높은 벽을 헤치며
고기잡이 나가는 어선의 뱃고동이
칠산바다의 여해신女海神 개양할미를 향해 소리쳐 운다
아름다움도 때론 죄가 되거니,
그 시절 격포 주민들의 아픔 아느냐고
유월 채석강의 파도가 신음하고 있다
밤사이 밀려온 파도만이
세상이 걱정스러운 듯
암벽 밑에서 가만히 몸을 뒤척이고 있다

보름 전

한반도 전체가 한파로 꽁꽁 얼어붙은 날, 뜨거운 국밥 한 그릇 후루룩 먹는다 사람 냄새 나는 시골 국밥집에서 동료들과 함께 점심을 먹는다 감사하다 감사하면서도 한데서 떨고 있을 사람들 생각하면 가슴 아프다 영안실 냉동실에서 눈 부릅뜬, 거리에서 칼바람 추위와 맞서는, 죽어도 눈감을 수 없다고, 살아도 사는 게 아니라고 시퍼렇게 소리치는 사람들 있다 한 해의 끝, 보름 전

살아 있는 입인 나와 동료들은 김장김치 두 접시에 밥 한 공기씩 더 먹는다 밥 먹고 어두워 가는 겨울 하늘 아래 직립으로 서서 찬바람 토해 내는 메타세쿼이아 숲길을 지난다 지나며 단단하고 안전한 나무의 중심에 집을 짓는 까치들과, 망루의 타오르는 불속으로 떠밀렸던 사람들 생각한다 눈발 휘날려 한반도 전체가 꽁꽁 얼어붙은 날, 망루의 불속에 몸을 맡긴 사람들, 생각하면 목숨을 걸고 쓴 이 시대의 시詩다 그들 향해 시린 손 꺼내 마음의 막걸리 한 사발 올린다 한 해의 끝, 보름 전

덜커덕거리다

환자의 심장을 검사하던 중이었다 갑자기 내 심장이 덜커덕거렸다 온몸에 힘이 빠지고, 정신이 아득해져 이렇게 죽을 수도 있겠구나 싶었다 곧바로 심전도를 찍어 확인했더니, 병명은 심실조기박동心室早起博動이었다 바쁜 세상 더 빨리 가려고 심장이 애를 쓰는 것인가, 세상의 모서리에 부딪혀 나의 심장이 덜커덕거리는 것인가, 아직 기다리고 있는 말들, 만나야 하는 말들이 남아 있는데

가야 할 길은 멀고 발밑은 악어들 우글거리는 진창의 강이다 세상에 대한 근거 없는 호의, 그게 다 독毒이 되어 내 몸을 갉아먹고 있었나 보다 오래된 상처, 가슴 한구석에 남아 내 심장을 덜커덕거리게 하는 모양이다 삶이 좀 더 둥글어지기까지 세상과 얼마나 더 많은 상처를 주고받아야 하나

21세기 병원

마음을 키워 놓지 못해 두 어깨 무거운 날
지난밤 안타까운 것은
공중에 흩어진 말들이었을까, 시간이었을까
불편해야 진실이 보이는 것
승자만을 기억하는 더러운 사회
결과만 좋지 않으면
의사에게 분노하는 사람들
최선을 다했지만 죽은 환자의 경위서를 작성해
전자메일로 전달하는
어깨 처진 젊은 스태프에게
무슨 말로 위로를 해 줄 수 있을까
전공의들의 논문 때문에 스트레스 고조되는
예의도 없는 참담한 아침 컨퍼런스 시간
병원도 자본의 논리가
훨씬 커 보이는 날,
다른 방법은 없는 것일까
오늘도 나는 습관처럼 청진기를 목에 두르고
팔찌처럼 바코드를 차고 내려오는

이십일 세기 환자들 보러 검사실로 간다
'자본주의의 슬픈 종말이여' 중얼거리며

장항 원조 할매 온정집에서

굶주린 아귀 같은 무리들이 몰려와
통통하게 살이 찐 아귀를
아작아작 아귀처럼 아귀에 처넣는다
아귀 무른 사람도 아귀를 먹으면
아귀가 세어지는 양 아귀를 뜯어 먹는다
몸 전체의 삼분의 이가 머리인 아귀,
아귀가 맞지 않게
삼중으로 배치된 이빨
아귀의 입 속에 삼켜 들어가면
그 누구도 빠져나올 수 없다
더 이상 어쩔 수 없는
생의 막장이다 아귀 같은 사람처럼
아귀의 식욕 끝없다
아귀의 위를 들여다보니
두껍게 잘 발달된 근육
용도에 맞게 완벽하다
통째로 삼킨 조기, 병어, 도미, 오징어, 새우 등
얼마나 많이 씹어 댔을까

살아 탐욕이 많은 자는
으드득 으드득 아귀처럼
언젠가 굶주림의 형벌을 받게 되리라
아귀 같은 무리들 식탁에 달라붙어
순식간에 아귀를 해치운다
남은 국물에 밥까지 비벼 먹고,
일순간 썰물처럼 빠져나간다

시간은 원시림에서 출렁이고

2010년 동계올림픽에서 김연아 선수가
금메달을 땄던 캐나다 밴쿠버 휘슬러에 다녀오는 길
주민들 수보다 흑곰의 수가 더 많다는 곳
갈 때는 어지러워 보이지 않던 풍경들,
허공에서 서성대는 소리들,
되돌아올 때는 가지런히 몸으로 들어온다
세상의 모든 길은 이처럼 평등하다
지상의 모든 길은 물에 닿아 있으니
풍부한 강수량에 여름내 몸을 불린
계곡의 거친 폭포 소리 서늘하다
1弗의 임대료로 대지를 내어준 인디언들
천둥의 날개로부터 갈까마귀의 입까지
축복을 나누어 가지려는 사람들
선조들의 시간은 원시림에서 출렁이고
수백 년 동안 출렁거렸을 나무들의 나이테,
시간의 주파수들, 동심원마다
전장의 피울음 소리 가득 담겨 있다
까마득히 거슬러 오르면

비어 있는 시간들도 있으리라
인디언들의 울음이 뒤엉킨 시간의 뇌수가
아득한 협곡 사이에서 출렁거린다
곰들이 내려와 연어를 잡아먹는다는
카필라노 강을 가로질러
높이 70미터 길이 137미터로
공중에 매달려 흔들리는 카필라노 현수교
흔들리고 출렁이는 게 어디 이 다리뿐이랴
오소소 돋아나는 소름과 더불어
시간이 출렁거리는 원시림에서는
내 인생도 흔들린다는 것을 안다

길 밖의 길

새벽 다섯 시 대구행 버스를 탄다
정리되지 않는 어제처럼
도로는 안개로 출렁이고
그리움은 오래된 기억처럼
머뭇거리며 내게로 온다
누구 때문에 아파할 수 있다는 것이
처음은 아니지만
좌우로 스치는 먼 마을 불빛들이
화해할 수 없는 마음들 향해
돌아오라 돌아오라고 속살거린다
지리산 골골을 지나다 보면
안개 더욱 짙어져
마주 오는 차의 전조등 불빛마저 반갑다
함께하는 것이란
서로 모양은 다르지만
같은 곳을 같이 바라보는 것이라고 했던가
더불어 살면서도 자기답게
살아가는 걸 인정할 순 없을까

생각하면 환한 등이 켜진 사람들 모여 사는 곳으로
다시 돌아갈 수 있을까
아침 시장기처럼 마음 한편 시려온다
교과서처럼 녹록치 않는 이 세상
누가 동트기 전의 새벽이
가장 아름답다고 했던가

해 돋기를 기다리며

굴 껍질 돌무덤처럼 쌓여 있는
바닷가 마을에서 해돋이를 기다린다
아침 바다에는 조연급의
괭이갈매기며 바다오리들
깜박깜박 졸고 있다 바람은 자고
시나브로 해가 돋는다
뻘 속에 누워 잠이 든
할아버지 같은 배 순몽호純夢號
주연급으로 출연 중이다
구팔 어촌종합개발 금갑 공동작업장
새벽부터 사람들 일하고 있다
우리도 너희와 다르지 않다고
갈매기들 끼룩끼룩 말 걸어온다
기다린다는 것은 무엇인가
아름다운 풍광이 대지를 밝히듯
오롯한 마음 한 조각 걸러 내면
내 한 줄 시도 누군가의 영혼
서늘하게 할 수 있을까

파도는 느릿느릿 출렁이고
아침놀 동녘 바다 붉게 물들인다
찰칵 카메라의 셔터 소리가
비수가 되어 두개골頭蓋骨을 관통한다

작품 해설

생명 탐구와 예술 창조의 길

김 재 홍

(문학평론가 · 경희대 교수)

1. 의사의 길, 시인의 길

의사 시인 김완, 그는 중진 심장 전문의로서 광주보훈병원에서 성실하게 일하면서 동시에 시인의 길을 걸어가고자 진지하게 노력하는 분이기도 하다.

의사의 길이란 무엇인가? 그것은 한마디로 인간의 생명을 다루는 소중한 직업이다. 의학적인 학술 탐구를 하는 한편 질병을 진단하고 치료하고 예방하는 실제적인 임상까지 겸해야 하는 끝없는 봉사와 헌신의 길인 것이다.

그렇다면 시인의 길은 또 어떠한 길인가? 시인 또한 인간의 정신적인 아픔과 괴로움의 본질과 현상을 탐구하면서 그

극복과 구원의 길을 향해 나아가려 노력하는 구도자이며 순례자가 아니겠는가? 의학 또는 의업이 인간 몸의 치료, 즉 육체적인 치유와 구원의 상징이라면 시인은 영혼의 상처를 위무하고 그 절망의 향기를 언어로 형상화함으로써 정신의 구원을 갈망하고 염원하는 정신적인 구원자에 해당한다는 뜻이 되겠다.

이 두 가지 길은 그것이 육체적인 생명을 다루는 것이면서 그와 함께 정신적인 생명을 살려 나아가려는 것이기에 각기 그 길이 보통 어려운 것이 아니다. 세상에서 단 하나뿐인 육신, 생명을 다루는 것이기에 의학, 의업의 길이 지중한 것인 만큼, 정신과 영혼의 구원을 갈망하고 지향해 나아가는 시학, 시업의 길 또한 소중한 의미와 가치를 지니기 때문이다.

이에 이 두 가지 어렵고 소중한 길을 성실하고 진지하게 걸어가고자 노력하고 있는 의사시인 김완의 첫 창작집 발간을 축하하는 의미에서 그 시세계를 간략하게 살펴보기로 한다.

2. 구름의 시학, 자유에의 길

시집에서 특이한 것은 구름의 이미지가 자주 등장하여 하나의 체계를 형성한다는 점이다. 이를 일컬어 '구름의 시학'이라 불러 보자.

바람에 온전히 몸 맡긴 채

제 모습 드러내지 않는

본래의 형상으로 되돌아오기 위해

거듭 헤어지고 떠나는

아! 한순간도 자기를 부수지 않으면

견딜 수 없는

버리는 자의 저 아름다움!

—「구름의 미학—변증법」 전문

이 시에는 시인 특유의 구름의 시학이 제시돼 있어서 관심을 환기한다. 구름이라는 자연현상을 노래하면서 그 속에서 자연의 순환원리를 통해 사랑의 법칙을 읽어 내고 인생의 원리를 꿰뚫어 낸다. 그러면서 만상의 존재원리를 투시하고 바람직한 삶의 길을 모색하고 있는 것이다.

구름은 바람이라는 대기의 순환법칙에 따라 흘러간다. 그것은 "바람에 온전히 몸 맡긴 채"와 같이 순천명順天命으로서 삶의 원리 또는 지혜로운 삶의 길을 암시해 준다. 그러면서도 "제 모습 드러내지 않는"과 같이 은둔의 정신, 초월 지향성을 드러내고 있다.

그런데 중요한 것은 "본래의 형상으로 되돌아오기 위해// 거듭 헤어지고 떠나는"이라는 구절이며, "아! 한순간도 자기를 부수지 않으면// 견딜 수 없는" 이라는 두 구절에 놓여진 다. 구름은 자유로운 것의 표상성을 지니면서도 그것은 본래의 모습, 본래면목을 찾기 위한 노력이라는 점을 말하고자 하는 것으로 해석되기 때문이다. 구름의 흘러감, 그 유동성은 자연현상이지만 시인의 눈에 비춰 볼 때 원래의 나, '참나' 로서 본래면목을 찾기 위한 몸부림의 과정이라고 해석해 내고 있어 관심을 환기하는 것이다.

아울러 이러한 구름의 유동성, 그 이합집산도 부단히 자기 파괴를 통해 새로운 자아를 형성하고 확립해 나아가려는 모습으로 해석해 냄으로써 깊이 있는 시인의 통찰력과 혜안을 보여 주고 있다. 구름이 흩어지고 다시 합쳐드는 자유로움 또는 유동성 속에서 진정한 나, 참나를 찾고 확립해 감으로써 바람직한 삶의 길을 읽어 내는 안목은 예사로운 것이 아니다. 더구나 "아! 한순간도 자기를 부수지 않으면// 견딜 수 없는" 이라는 구절에서 자기 해체와 변혁을 통한 새 생명의 길을 제시한 것은 깊이 있는 깨침의 현현이 아닐 수 없다. 시정신은 만고반역의 정신, 부단한 자기 혁명을 통한 창조의 길이 아니던가? 그렇게 보면 구름의 생성과 해체 변화의 유동성, 유연성 속에서 지혜로운 삶의 길, 바람직한 시의 길을 읽어 낸 시인의 시정신은 관심을 환기하기에 충분하다.

무엇보다도 그러한 구름의 변화, 생성과 소멸 속에서 "버리는 자의 저 아름다움!" 을 꿰뚫어 낸 것은 쉬운 일이 아니다. 구름의 지속과 변화, 생성과 소멸 과정에서 버리는 것으로서 무소유를 통한 자유에의 길, 참나에의 길을 발견하고 그 길을 향해 나아가고 싶다는 염원과 갈망을 드러낸 것은 의미 있는 일이라고 판단되기 때문이다.

3. 사람이 아름다운 풍경을 찾아서

시집에는 사람들이 서로 몸 부비고 마음 나누며 부대끼며 살아가는 삶의 현장성, 구체적인 모습들에 대한 관심과 애정이 지속적으로 드러나고 있어 관심을 환기한다.

살가운 사람이 그리운 날이면
사람들 북적대는 시장 통 안
담양 창평국밥집으로 가자
기다려 지치고 곤한 뱃속
막걸리 한 사발 마시고
뚝배기 가득 고기 반 국물 반
흰밥 말아 후루루 넘기면
넉넉한 한 세상이 담기는 듯하다
깍두기, 묵은 김치 곁들여
햇양파, 매운 고추, 된장 찍어 먹으면
저마다 다른 몸부림으로 견뎌 온 세월
세상살이 지친 가슴들
어느새 땀이 차오른다
기다릴수록 사람들이 몰리는 삶
어깨 부대끼며 더불어 있어
힘이 되는 마음들을 안다

오래 참을수록 게미가 있는
쓰디쓴 절망들, 아픔들, 상처들
넉넉한 국밥에 담아 훈훈하게 녹여내는
사람이 아름다운 풍경 하나 만날 수 있다

—「창평국밥집 · 1」 전문

사람이 아름다워지는 풍경이란 어떤 것일까? 한마디로 그것은 사람들이 몸과 마음을 풀어 놓고 넉넉하게 어울리면서 막걸리 한 사발, 국밥 한 그릇을 함께 나누는 시골 장터의 모습 그것이 아니겠는가. 도시적 삶의 온갖 불연속성에 지치고 불확정성에 시달린 사람들이 넉넉한 인정과 편안한 마음들에 서로 기대어 있는 것 조금씩 나누고 베풀면서 푸근하게 살아가는 그 모습 속에서 비로소 사람이 사람답게 살아가는 아름다운 풍경이 만들어져 간다는 말이다.

시골 장터 국밥집에선 "막걸리 한 사발 마시고/ 뚝배기 가득 고기 반 국물 반/ 흰밥 말아 후루루 넘기면/ 넉넉한 한 세상이 담기는 듯" 할 것이며, "저마다 다른 몸부림으로 견뎌 온 세월/ 세상살이 지친 가슴들/ 어느새 땀이 차오" 르는 그런 넉넉한 정경들이 물결쳐 오지 않겠는가 하는 뜻이다. 그럴 때 비로소 "어깨 부대끼며 더불어 있어/ 힘이 되는" 사람들로서 "쓰디쓴 절망들, 아픔들, 상처들/ 넉넉한 국밥에 담아 훈훈하게 녹여내는" 그야말로 '사람이 아름다운 풍경' 으로 꽃피어날 수 있다는 말이 되겠다.

다시 말해 비록 가난한 삶 속에서나마 서로 넉넉한 마음으로 어울려서, 더불어 의지하여 일어설 수 있는 시골 장터의 풍경 속에서 공동체의식이 길러지고 인정사회, 아름다운 인간공동체로 나아갈 수 있다는 인식이 담겨 있기에 비로소 사람들이 아름다워질 수 있다는 뜻이다.

이러한 어울려 사는 인정사회에 대한 동경과 갈망은 "잊어버리고 싶은 것들, 뾰족한 마음들/ 지친 어깨 내려놓고, 바람처럼 살다 가고 싶은 때가/ 어디 한두 번뿐이었으랴 호수에서는/ 형형색색의 분수가 솟아오르고/ 아이를 들쳐 업고 유모차를 밀며 떠드는/ 젊은 부부들의 유쾌한 웃음소리/ 자지러지는 아이들의 상기된 표정들/ 신생아부터 꼬부랑 할머니, 할아버지까지/ 아, 동네 사람들 다 모여 잔치 벌이고 있다/ 울림과 쉼이 있는 여기 마을 공동체"(「송화촌」)라는 시에서도 확인할 수 있듯이, 김완 시인의 시에서 중요한 내용이자 지향점으로서 의미를 지닌다.

바로 이 점이 냉철한 머리를 지닌 의사이면서 동시에 따뜻한 가슴을 지닌 시인으로서 의사 시인 김완의 본령이 펼쳐져 갈 수 있음은 물론이다.

4. 생명의 길, 사랑의 길

시집에는 그 주저음으로서 생명에 대한 사랑, 사랑의 철학에 대한 지속적인 관심과 애정이 표출되고 있는 것이 또 다른 특징이다.

심장은 잡히지 않는 사랑이다
형체도 색도 없는 바람 같은 것!
시간의 물결 따라 달라지는
빛의 그림자놀이 같은 것!
머릿속에 있지 않고
가슴속에 있는 것!
바람 속, 하늘 밖 세상이 아닌
저잣거리에 있는 것!

흐린 오늘, 세상에 부는 바람 어지러운 건
그리운 이름들 부르지 않기 때문이다

사랑은 붉고 둥근 달이다
둥둥거리는 북소리다
마구 뜀박질하는 종달새다
그리워할 때마다
술렁이는 내 가슴속,
팔딱팔딱 뛰는 그대여
심장, 그 가슴 따뜻한 사랑이여

—「심장, 그 가슴 따뜻한 사랑」 전문

주지하다시피 시인은 심장내과 전문의다. 그래서 그런지 그의 시에는 생명의 에센스이자 근본 동력으로서 심장이 직접적으로 제시되곤 한다. 인용 시가 그 대표적인 예다.

심장이란 무엇이던가? 생물학적으로 그것은 생체의 모든 혈관이 모여드는 가장 중요한 기관을 말하는 게 아니던가. 그러기에 심장은 생명의 중심이나 중추를 표상하며 시에서는 생명의 핵심 상징으로서 의미를 지닌다. 아울러 그것은 그 형상성으로 말미암아 하트heart, 즉 사랑의 심벌로서 작용하기도 한다. 그만큼 생명의 핵심 상징이고 사랑의 표상성을 지닌다는 뜻이 되겠다.

인용 시에서 "심장은 잡히지 않는 사랑이다"라는 첫 구절이나 "심장, 그 가슴 따뜻한 사랑이여"라는 결구가 모두 이러한 생명의 상징, 사랑의 표상으로서 심장의 시학적 의미를 반영한 것임은 물론이다. 따라서 "흐린 오늘, 세상에 부는 바람 어지러운 건/ 그리운 이름들 부르지 않기 때문이다"와 같이 오늘날 세상의 현실이 어지럽고 광폭한 것은 바로 사랑의 결핍이 그 원인이라고 진단하게 되는 것이다. 실상 그렇지 아니한가? 오늘날 이 세상은 날이 갈수록 사람들 사이의 불연속성으로 인해 단절과 소외 현상이 심화돼 가고 불확실성으로 인해 불안과 방황이 확산돼 가고 있는 현실이 아니겠는가?

그렇다면 사랑은 어떠한 것이고 어디에 놓여 있는 것인가? 사랑은 "형체도 색도 없는 바람 같은 것/ 시간의 물결 따라 달라지는/ 빛의 그림자놀이 같은 것"이라는 구절처럼 끊임없이 유동적이고 변화해 가는 것이라는 특징을 지닌다. 아울러 "머릿속에 있지 않고/ 가슴속에 있는 것!/ 바람 속, 하늘 밖 세상이 아닌/ 저잣거리에 있는 것!"이라는 구절처럼 그것은 관념이나 이성이 아닌 실제와 감성의 실체이며, 바로 우리의 삶의 현장 그곳에 자리 잡고 있다는 인식을 제시한다. 그만큼 사랑은 심장이 그렇듯이 구체적인 형상이며 실제적인 삶과 생활 한가운데 자리 잡고 있으며 그 속에서 넘실거려야 한다는 인식을 보여 주는 것이 되겠다. "사랑은 붉고 둥근 달이다/ 둥둥거리는 북소리다/ 마구 뜀박질하는 종달새다/ 그리워할 때마다/ 술렁이는 내 가슴속,/ 팔딱팔딱 뛰는 그대여/ 심장, 그 가슴 따뜻한 사랑이여"라는 구절 속에는 이러한 사랑의 본질과 현상적 속성이 잘 반영돼 있는 것으로 해석된다.

실상 결구 "심장, 그 가슴 따뜻한 사랑이여"라는 구절은 김완 시인의 두 가지 명제, 즉 생명의 길 탐구로서 의사의 길과 사랑 탐구로서 시인의 길이 포괄 · 압축적으로 제시된 것임이 분명하다.

5. 물의 현상학을 위하여

따라서 시집에는 물의 표상성으로서 사랑의 본질과 현상을 탐구하는 보다 심화된 사랑 시학의 탐구를 제시하고 있어 관심을 환기한다.

> 나를 덥히려면 당신이 먼저 뜨거워져야 한다
> 당신이 뜨거워지려면 무엇보다 시간이 필요하다
> 오늘따라 몹시도 서두르는 당신,
> 맹렬히 타오르며 이곳저곳 나를 자극한다
> 당신은 후끈 달아오르면서도 얼굴만 조금 붉힌다
> 임계점에 이르면 내 피부에서는 소름이 돋는다
> 땀샘이 열리고 가느다랗게 앓은 소리를 낸다
> 날름거리는 당신의 혀가 파랗게 날을 세운다

이윽고 내가 뜨거워지면서 당신은 말을 잃는다
빠르고 화끈한, 더디지만 오래가는
여러 얼굴을 가진 당신, 당신의 에너지가
늠름하게 쳐들어와 나를 덥힌다
당신의 몸 곳곳을 뚫고 솟구쳐 오르는 나의 파동들
방울이 점점 커지면서 내 눈이 등잔만큼 열린다
그래 바로 이거야 내 온몸에서
굵은 땀방울이 솟구쳐 오르고, 환희의 신음 소리가 달
아오른다
아득히 천둥번개가 치고 우레 소리가 들린다
백팔번뇌가 끓어올라 우리들 사랑이 기화하는 동안
방 안에는 고소한 냄새로 가득하다
파도가 절정에 이르면 소리 없이 스러지듯이
어느 한 순간에는 우리 모두 흔적 없이 사라져야 한다
자신의 가슴에는 역사를 새기지 않는 물,
그래, 나는 텅 비어 있는 또 다른 물이다

—「물 끓는 시간」 전문

물이 끓는 시간이란 무엇일까? 아니 물의 시적 상징성은 무엇이겠는가. 물이 지니는 속성은 부드러운 유동성과 액체성, 파동성으로 말미암아 사랑의 원형적 표상성을 지니는 것이 특징이다. 물은 생명의 근원이면서 동시에 생명을 가능케 하고 지속시켜 주는 근본적인 힘에 해당한다. 물이 지닌 생성력, 응집력, 포용력, 생생력, 유동성은 그대로 사랑의 속성과 근원적 동일성을 지니기 때문이다.

그렇다면 물이 끓는다는 것은 무엇을 의미하는가? 그것은 한마디로 사랑의 생성과 변화, 지속과 생성, 소멸의 과정을 표상한다. 물이 끓는다는 것은 바로 사랑 또는 그 행위의 일어남과 변화 및 지속 과정을 암유하는 것으로 해석되기 때문이다. 끊임없는 일어남과 스러짐, 밀려옴과 밀려감의 유동성, 파동성은 그대로 사랑 또는 그 행위의 모습과 다를 바 없다. 그것은 육체적 사랑은 물론 정신적 사랑의 과정과도 그대로 호응되는 것이다.

따라서 이 시는 물이 뜨거워지고 끓고 기화해 가는 그 과정을 통해 사랑이 익고 마침내 꽃피우고 열매 맺다가 다시 스러져 가는 생명과 사랑의 과정을 그대로 표상한 것이 되겠다. "여러 얼굴을 가진 당신, 당신의 에너지가/ 늠름하게 쳐들어와 나를 덥힌다/ 당신의 몸 곳곳을 뚫고 솟구쳐 오르는 나의 파동들/ 방울이 점점 커지면서 내 눈이 등잔만큼 열린다/ 그래 바로 이거야 내 온몸에서/ 굵은 땀방울이 솟구쳐 오르고, 환희의 신음 소리가 달아오른다/ 아득히 천둥번개가 치고 우레 소리가 들린다"라는 구절은 바로 성애性愛의 과정을 묘사한 것이면서 동시에 생명 과정 그리고 사랑의 과정을 포괄적으로 상징한 것이기도 하다.

그러나 한 걸음 더 나아가서 "파도가 절정에 이르면 소리 없이 스러지듯이/ 어느 한 순간에는 우리 모두 흔적 없이 사라져야 한다"라거나 "자신의 가슴에는 역사를 새기지 않는 물,/ 그래, 나는 텅 비어 있는 또 다른 물이다"와 같이 끝내는 스러지고 사라지는 것으로서 생명과 사랑의 본질과 현상을 꿰뚫어 봄으로써 이 시가 단지 사랑만을 노래한 것이 아니라 그 근원으로서 생명, 그리고 존재의 본질을 깊이 있게 통찰한 시라는 점에 주목할 필요가 있다. 물의 현상학을 통해 사랑을 말하면서 동시에 생명과 존재의 근원과 본질을 통찰하고 있다는 점에서 시인의 깊은 사색과 예지를 엿볼 수 있게 해 주기 때문이다.

따라서 시인은 이러한 물의 현상학을 통한 생명 탐구와 사랑 탐구에서 한 걸음 더 나아가 하나의 사랑철학, 인생철학을 형성하게 된다.

담담하고 부드러운 사람이고 싶다
외침보다는 넉넉한 눈빛으로
허황된 큰 꿈보다는 소박한 소망으로
오르는 것보다는 내려가는
지혜로 살고 싶다
황홀한 떨림보다는
은은한 기쁨으로 물드는
느리고 더디게
오래 기다리는 사람이고 싶다
그리움을 그리워하며 기다리는
느티나무 가지 사이로 부는 바람
'살아 있으라',
'살아 있으라' 속삭인다
끝 간 데 없는
지평선 지켜보며
바람에 온전히 몸 맡기고 있는
나무들의 저 일렁임

—「애태우지 않는 사랑」 전문

시인이 꿈꾸는 사랑이란 '부드럽고/넉넉한/소박한/지혜로운/은근한 기쁨/느리고 더디게/그리움을 그리워하며 기다리는' 그런 사랑의 모습이다. 물 끓는 사랑, 타오르는 사랑도 사랑의 중요한 속성이며 과정이지만 사랑의 본질적 속성을 오히려 그처럼 은근하고 지혜롭고 느리고 더디게 실현돼 가는 것을 이상으로 한다는 말이다. 말하자면 사랑이란 치열성도 중요하지만 진실성, 성실성, 일관성을 지니며 더욱 확대되고 심화되며 지속돼 가야 한다는 사랑의 철학을 드러내 보여주고 있는 것이 되겠다.

그러나 어찌 사랑만이 그러하겠는가? 사랑을 핵심으로 하는 우리네 생명도, 인생도 그와 같이 한평생을 진실성, 성실성, 치열성, 일관성으로서 진정성과 깊이를 탐구하고 체현해 나아가야 한다는 뜻이 되지 않겠는가. 바로 이 점에서 김완 시인의 생명과 사랑의 시학은 그대로 시인의 인생관이 되고 생철학으로 자리 잡고 있음을 발견하게 된다. "넉넉한 눈빛으로/ 소박한 소망으로/ 오르는 것보다는 내려가는/ 지혜로 살고 싶다"라는 구절 속에는 이러한 시인이 꿈꾸는 인생자세 또는 생의 태도가 스며들어 있기에 그의 시로 하여금 내면성을 획득하고 시적 깊이와 진정성을 확보하게 만들어 주는 힘이 되는 것이다. 아울러 이러한 시적 표현성의 넓이와 깊이를 보여 주기에 앞으로 시인으로서 가능성도 예견하고 확신할 수 있음은 물론이다.

6. 맺음말: 삶의 길, 시의 길을 찾아서

시집에서 또 한 가지 드러나는 것은 시인이 끊임없이 바람직한 삶의 길이 무엇이며, 좋은 시인이 되는 길이란 무엇인가에 대한 사색과 성찰을 보여 준다는 점이다.

폭염주의보가 내린 한여름
사랑방에서는 환장하게 맛있는
곱창전골이 끓고 있는데
아프리카에서 민간구호단체
피스프렌드의 대표로 활동하고 있는
한 시인詩人을 생각한다
여덟 권의 시집을 출간하고도
아직 찾아올 말들 많은데
남아 있는 그걸, 그냥 삭혀야 하나
버려야 하나 고민하는
그의 말 참 아프다
폭염에 홀라당 벗은 구름 몇 장
갈 길 몰라 서성이는 한낮의 하늘
유년의 기억 속에 피어오르는
가난하지만 착한 사람들
지금은 어디서 무얼 하고 있을까

—「풍경—여름」 전문

이 시에는 바람직한 삶의 길이란 바로 세상을 위해서 봉사하고 무언가 이바지하는 삶의 모습이며, "가난하지만 착하"

게 살아가려는 노력을 의미한다. "아프리카에서 민간구호단체/ 피스프렌드의 대표로 활동하고 있는/ 한 시인을 생각한"다는 구절에는 바람직한 삶의 길로서 세상을 위해 무언가 이바지하는 모습을 제시한 것으로 이해된다. 그러면서도 "여덟권의 시집을 출간하고도/ 아직 찾아올 말들 많은데/ 남아 있는 그걸, 그냥 삭혀야 하나/ 버려야 하나 고민하는/ 그의 말 참 아프다"라는 구절 속에는 봉사하는 삶으로서 뿐만 아니라 창조하는 삶으로서 시인의 길을 제시하고 있어 관심을 환기한다. 자신의 삶을 꾸려 가야 하는 실존적 · 개인적 삶만도 감당하기 어려운 것이 우리네 보통 사람들의 삶의 모습 아닌가? 여기에서 아프리카까지 가서 굶주리고 학대받는 사람들을 위해 봉사하는 삶도 고난과 형극의 길이 아닐 수 없을 것이 분명하다. 그런데도 틈만 나면 언어와의 격투, 시를 창작하는 고뇌를 감당해야 하는 시인의 길까지 걸어간다는 것은 과연, 그리 쉬운 일이겠는가? 그야말로 형극의 길이 아닐 수 없을 것이 자명하다.

그러나 어쩌랴! 그것이 바로 시인의 길이기에 실존적인 불안과 어려움을 이겨 나가면서 다시 사회봉사, 인류 구원을 향해 나아가는 고난과 역경을 극복하고 다시 언어와의 격투를 통해 창조의 길, 시인의 길을 걸어가려는 삶이란 얼마나 의미 있고 가치 있는 길이겠는가?

그렇다! 시인이 말하고자 하는 것은 그렇게 실존적 불안과 어려움을 극복하고 의사로서 끊임없이 봉사해야 하는 이중의 고통과 함께 또한 시인의 길을 가야 하는 본질적인 고뇌를 통해서 바람직한 자신의 삶의 길이 무엇이고 시인으로서 어떻게 살아가야 할까 하는 고민과 모색을 보여 주고자 하는 것이다. 그리고 그것은 결과적으로 참된 삶의 길이란 바로 훌륭한 의사가 되는 길이고 동시에 바람직한 시인의 길을 걸어가는 데서 의미와 보람, 가치가 놓여진다는 확신을 드러낸 것으로 이해된다.

바로 여기에서 이번 첫 시집이 시인에게 어떻게 사는 것이 바람직한 삶의 길이고, 의사의 길이고, 시인의 길인가를 묻고 스스로 대답하는 한 시금석이 될 것이 분명하다.

시 「선물」은 그런 의미에서 고요한 울림으로 다가온다.

정갈한 7209호 내과 병실, 아침 햇살이 환하다

누군가 두고 간 천 원어치 뻥튀기 한 봉지

바삭바삭 기꺼이 자기를 부수면서

바삭바삭 온몸으로 구수한 기쁨을 준다

셈할 수 없는 천원, 그 이상의 뻥튀기 한 봉지

쭈글쭈글 병에 지친 얼굴들, 웃음꽃으로 환하다

—「선물」 전문

김완 시인의 정진과 대성을 기원한다.

시인 김완金完

1957년 광주 출생
광주고와 전남의대 및 동 대학원 졸업
의학박사, 심장내과 전문의
2009년 『시와시학』으로 등단
한국작가회의 회원, 시낭송회 비타포엠 이사
늘푸른아카시아, 진진시 동인
현재 광주보훈병원 심장혈관센터장

E-mail: kvhwkim@chol.com

그리운 풍경에는 원근법이 없다

지은이 | 김완
펴낸이 | 김재돈
펴낸곳 | 도서출판 시와시학
1판1쇄 | 2011년 5월 30일
1판2쇄 | 2011년 7월 30일
출판등록 | 2010년 8월 10일
등록번호 | 제2010-000036호
주소 | 서울 종로구 명륜동1가 42
전화 | 744-0110
FAX | 3672-2674

값 8,000원

ISBN 978-89-94889-08-5 03810